Vente du Mardi 7 Avril 1885

HOTEL DROUOT, SALLE N° 7

A DEUX HEURES

OBJETS D'ART

ET

D'AMEUBLEMENT

COFFRE EN FER DU XVIᵉ SIÈCLE

PORCELAINES, MARBRES ET BRONZES

BIJOUX ET ARGENTERIE

Meubles, Étoffes

TABLEAUX

EXPOSITION PUBLIQUE

Le Lundi 6 Avril 1885, de une heure et demie à cinq heures.

Mᵉ ESCRIBE

COMMISSᵗᵉ-PRISEUR

rue de Hanovre, n° 6

M. Emile VAN HOESERLANDE

EXPERT

rue Taitbout, n° 34

PARIS — 1885

CATALOGUE

—

OBJETS D'ART

ET

D'AMEUBLEMENT
COFFRE EN FER DU XVIᵉ SIÈCLE

Porcelaines de la Chine, de Saxe et de Tournay

MARBRES ET BRONZES

BIJOUX ENRICHIS DE BRILLANTS

ARGENTERIE

MEUBLES — ÉTOFFES

TABLEAUX, MINIATURES

GRAVURES

DONT LA VENTE AUX ENCHÈRES PUBLIQUES AURA LIEU

HOTEL DROUOT, SALLE N° 7

Le Mardi 7 Avril 1885

A DEUX HEURES

Par le ministère de **Mᵉ ESCRIBE**, Commissaire-Priseur,
rue de Hanovre, 6,
Assisté de **M. Emile Van HOESERLANDE**, Expert, rue Taitbout, 34,
CHEZ LESQUELS SE DISTRIBUE LE CATALOGUE.

EXPOSITION PUBLIQUE

Le Lundi 6 Avril 1885, de une heure et demie à cinq heures.

—

PARIS — 1885

CONDITIONS DE LA VENTE

Elle sera faite au comptant.

Les Acquéreurs paieront, en sus des adjudications, CINQ CENTIMES PAR FRANC, applicables aux frais.

Aucune réclamation ne sera admise une fois l'adjudication prononcée.

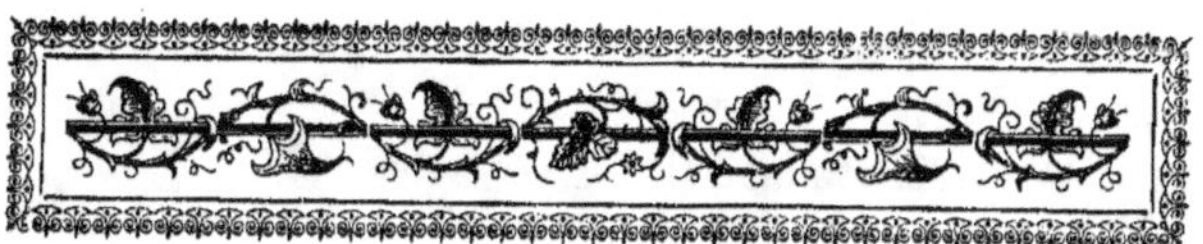

DÉSIGNATION

TABLEAUX, MINIATURES, GRAVURES

1 — **Chocarne-Moreau**. Distraction (Salon de 1882).

2 — **Diaqué** (R.-C.). Nature morte (Salon de 1880).

3 — **Gavarni**. Artiste dans son atelier. Dessin à la plume et en partie à l'aquarelle. Signé à droite.

4 — **Gomot** (P.). Fleurs (Panneau décoratif).

4 *bis* — **Inconnu.** Tête de Christ, miniature sous verre. Cadre en bois sculpté Louis XVI.

5 — **Innocenti.** Baigneuse.

6 — **Magnus** (C.). Forêt de Fontainebleau.

7 — **Miel** (D'après Jean). Soldats jouant aux cartes.

8 — **Miel** (D'après Jean). Les Bohémiens.

9 — **Montenard** (F.). La Fenaison.

10 — **Monticelli**. Méphisto.

11 — **Muller** (Ch.-L.). Portrait de M. Moore en costume oriental.

12 — **Ostade** (D'après A. Van). Scène d'intérieur (Bois).

13 — **Pellegrini**. Sujets arabes. Deux pendants.

14 — **Rubens** (D'après P.-P.). La Flagellation.

15 — **Swebach** (Manière de). Halte de cavaliers.

16 — **Voigt** (A.). Retour des champs (Moutons dans la plaine d'Esbly).

17 — Miniature sur ivoire : Portrait de Mme la Comtesse de X..., coiffée d'un chapeau garni de fleurs. Cadre en bronze, style Louis XVI.

18 — Petite Miniature sur ivoire : Tête de jeune fille. Signée du monogramme M. C. et datée 1825.

19 — Miniature ovale : Portrait de la princesse Louise d'Orléans, femme de Léopold Ier.

20 — Deux Miniatures : Portraits de jeunes filles.

21 — Un fort lot de Gravures, Dessins et Lithographies.

BIJOUX ET ARGENTERIE

22 — Jolie Broche en or formée d'un bouquet de marguerites et de feuilles enrichies de brillants, formant pendant de cou, broche et pendants d'oreilles.

23 — Bracelet en or, enrichi de turquoises, demi-perles et roses.

24 — Bracelet dit « Porte-Bonheur » orné d'un lézard garni de roses.

25 — Parure en or, composée d'un pendant de cou et de deux pendants, formés de topazes entourées de feuillage garni de roses.

26 — Croix normande en or, avec bélière et chaînette, et garnie de strass.

27 — Bague en or, montée d'un saphyr entouré de seize brillants.

28 — Bague en or, ornée d'une turquoise entourée de douze brillants.

29 — Bague en or, montée d'une perle de couleur entourée de douze brillants.

30 — Sucrier en argent, de forme ovale Louis XIII, à anses plates avec couvercle.

31 — Deux Bouts-de-Table et un Moutardier en argent.

32 — Deux Gobelets en argent.

33 — Quatre Tasses à déguster en argent. Seront divisées.

———

PORCELAINES ET ÉMAIL CLOISONNÉ

34 — Belle Jardinière en porcelaine de Tournay, fond bleu de roi, décorée sur chaque face de médaillons à fleurs et à sujets dans le genre de Vatteau ; monture en bronze.

35 — Paire de Vases, forme cassolette, avec couvercles et formant lampes, en porcelaine de Tournay fond bleu de roi, à côtes et guirlandes de fleurs, montés en bronze, style Louis XVI.

36 — Paire de Candélabres à quatre lumières, en porcelaine de Tournay fond bleu de roi, à rehauts d'or, ornés de médaillons à portraits historiques, monture en bronze.

37 — Grande Coupe en porcelaine de Chine, décor à mandarins et objets variés sur fond or, monture en bronze doré.

38 — Deux grands Vases à cols longs et évasés en porcelaine laquée de la Chine, décorés de médaillons à oiseaux, fond rouge et or.

39 — Coupe et son couvercle en porcelaine de Saxe, monture en bronze doré, style Louis XVI.

40 — Potiche, de forme côtelée, en porcelaine de Chine, et son couvercle, décor à mandarins.

41 — Vase avec couvercle en porcelaine de Chine, décoré de sujets d'intérienr sur fond rouge.

42 — Vase, de forme surbaissée, en même porcelaine, même décor sur fond vert.

43 — Grand Bol en porcelaine de Chine fond rouge rehaussé d'or, orné de médaillons et de sujets.

44 — Six Pots à crème, avec couvercles, en porcelaine de l'Inde, décorés de fleurettes bleues.

45 — Six Tasses et six Soucoupes en porcelaine, décor japonais.

46 — Trois Tasses et trois Soucoupes en porcelaine de Chine.

47 — Petit Service à thé en porcelaine de Chine, composé de : une Tasse avec couvercle, un Sucrier et un Beurrier.

48 — Deux Cassolettes de forme ovoïde, en porcelaine, fond bleu turquoise, décorées de sujets d'après Watteau, monture en bronze, style Louis XVI.

49 — Petit Vase, forme potiche, à couvercle, en porcelaine de Chine, décoré de pivoines et de branchages.

50 — Quatre Assiettes en porcelaine de Chine, décorées de fleurs au centre.

51 — Dix Assiettes en ancienne porcelaine de la Chine, décor à fleurs rehaussées d'or.

52 — Six Assiettes en même porcelaine, décorées de fleurs et de bandeaux.

53 — Onze Assiettes, même porcelaine, décor en relief sur fond bleu.

54 — Trois Assiettes en porcelaine de Chine, décor bleu sur blanc.

55 — Théière en porcelaine de l'Inde, décorée de petits sujets.

56 — Un lot de Tasses et Soucoupes en porcelaine de Chine et du Japon. (Sera divisé.)

57 — Plateau rond en émail cloisonné, décoré au centre d'une rosace et d'une bordure sur fond noir.

OBJETS D'ART ET DE CURIOSITÉ
BRONZES ET MARBRES

58 — Grand Coffre en fer, serrure richement ouvragée à l'intérieur et rehaussée de gravures au trait; l'extérieur est bardé de doubles lames et décoré de fleurs, XVIe siècle.

59 — Statuette en bronze, très finement ciselée, sur socle en velours rouge (Bossuet), par A. Carrier.

60 — Vase en ancien bronze gravé du Japon, à col évasé et à anses formées par des têtes de dragons.

61 — Paire de Candélabres en bronze, à deux lumières, formant flambeaux, sur socles en bois doré.

62 — Buste de Brutus en marbre blanc, sur socle en même marbre.

63 — Gaîne d'applique en marbre polychrome.

64 — Paire de Flambeaux en bronze doré (Enfants sur crocodiles).

65 — Petit Groupe en bronze doré (Bacchus et Chèvre), sur socle en bois noir garni de bronze doré.

66 — Reliquaire en bois sculpté et doré, à colonnes torses et glaces.

67 — Dessus de tabernacle en bois sculpté et doré, surmonté d'une couronne soutenue par deux gerbes.

68 — Pendule en marbre et bronze avec sujet (Enfant et Chèvres).

69 — Enseigne Louis XIII en bois sculpté.

70 — Calice en cuivre repoussé, style Louis XIII.

71 — Plateau ovale en cuivre repoussé (le Repas des dieux).

72 — Tableau en soie brodée, fond or (l'Agneau pascal), époque Louis XIV.

73 — Croix de procession en cuivre, à double face.

74 — Une Écuelle à oreilles plates et son couvercle, et un petit Cendrier en étain.

MEUBLES ET ÉTOFFES

75 — Petite Commode en bois rose, à deux tiroirs, époque Louis XV, à dessus de marbre griotte.

76 — Secrétaire, forme chiffonnier, en bois rose et marqueterie de bois, garni de bronze, à dessus de marbre blanc.

77 — Lot de Damas de soie verte, étoffe Louis XVI.

78 — Lot de Damas de soie fond bleu.

79 — Douze morceaux de Satin tissé fond bleu, Empire.

80 — Cinq Burnous laine et soie à dessins variés.

81 — Écharpe longue en étoffe algérienne laine et soie.

82 — Quatre Chasubles en soie brochée et garnies de galons.

83 — Bannière à double face en damas de soie, avec figure de saint Vincent de Paul et chiffre.

84 — Vierge appliquée sur toile Louis XV.

85 — Robe de chambre en soie noire brodée de fleurs.

86 — Dessus de lit en toile brodée de soie, travail portugais.

87 — Lot de morceaux de Tapisserie pour sièges Louis XIV, Louis XV, point de Hongrie, etc. (Sera divisé.)

88 — Deux Orfrois et un Chaperon en soie brodée d'or et d'argent.

89 — Deux caisses de Galons et Passementerie.

90 — Sous ce numéro seront vendues les Étoffes non cataloguées.

Vve Renou et Maulde, imprimeurs de la Compagnie des Commissaires-Priseurs, rue de Rivoli, 144.   200—56867